Käthe Leipold

Die vergessene Hälfte

Kadmos

Bibliografische Information der Deutschen Nationalbibliothek

Die Deutsche Nationalbibliothek verzeichnet diese Publikation in der
Deutschen Nationalbibliografie; detaillierte bibliografische Daten sind
im Internet über <http://dnb.d-nb.de> abrufbar.

Copyright © 2023, Kulturverlag Kadmos Berlin. Wolfram Burckhardt
Alle Rechte vorbehalten
Internet: www.kulturverlag-kadmos.de
Druck: Multiprint
Printed in EU
ISBN: 978-3-86599-531-5

„Bachs immense Arbeitsleistung wurde vielfach gewürdigt, aber dass Anna Magdalena auf eine eigene Karriere verzichtete, als sie 20-jährig den Witwer Bach mit vier Kindern heiratete, dass sie einen Riesenhaushalt mit Bachs Kindern aus erster Ehe und dreizehn eigenen, ständigen Besuchern und Schülern Bachs zu bewältigen hatte und auch noch für gute Stimmung im Hause sorgen musste, fanden die Biografen und Historiker keiner Erwähnung wert."

Auch sind keine Briefe erhalten, und das einzig existierende Bild, ein noch 1790 nachgewiesenes Porträt des Künstlers Cristofori, ist verschollen.

Geboren wird sie am 22. September 1701 als Anna Magdalena Wilke, jüngste Tochter des Hoftrompeters Johann Kaspar Wilcke und seiner Ehefrau Margarethe Elisabeth, geborene Liebe in Zeitz, und legt dann eine, vor allem für die damalige Zeit bemerkenswerte, Karriere hin.

Nach professioneller Gesangsausbildung arbeitet Anna Magdalena schließlich als fürstliche Sopranistin am Hof von Fürst Leopold von Anhalt-Köthen in Köthen und verdient fast so viel wie Johann Sebastian Bach, den sie dort kennenlernt. Dieser ist seit 1717 als Kapellmeister am Hof tätig.

Am 3. Dezember 1721 heiraten Anna Magdalena und Johann Sebastian Bach, zugunsten ihres Ehemanns verzichtet sie auf eigenen Ruhm. Sie ziehen nach Leipzig, wo sie keine Anstellung mehr findet, da es für Frauen in dieser Zeit dort kaum Möglichkeiten für öffentliche Auftritte gab. Über die Heirat mit dem 16 Jahre älteren Bach gibt es verschiedene Vermutungen, von denen die meisten jedoch davon ausgehen, dass es wahre Liebe gewesen sein muss. Sonst hätte sie wohl ihre Karriere nicht an den Nagel gehängt. Auch an anderer Stelle wird die Liebe betont, da sie vor der Heirat finanziell unabhängig war, keine Erfahrung in Haushaltsführung hatte und Bach ja deutlich älter war als sie. Und Bach hätte wohl vor allem eher eine Wirtschafterin und Mutter für seine vier Kinder aus erster Ehe gebraucht. Fakt ist jedenfalls, dass nicht besonders viel über sie dokumentarisch belegbar ist, und Anna Magdalena somit keinen besonders grossen Auftritt in der Bachforschung hat.

Inwiefern sie sogar ihren Mitmenschen auch nur als „Ehefrau von Bach"[5] galt, oder ihnen „nicht der Rede wert"[6] gewesen sein mag, lässt sich heute nur noch spekulieren.

Betrachtet man das bisschen, was über das Familienleben der Bachs bekannt ist, wird schnell klar, dass Anna Magdalenas Lebenswirklichkeit unglaublich anstrengend gewesen sein muss: Neben der Kindererziehung (der eigenen und der vier aus Bachs erster Ehe) und den häuslichen Pflichten beherbergt sie auch immer wieder Schüler und Gäste ihres Mannes. Dazu sorgt sie für ein Arbeitsumfeld im Haus, in dem der große Meister sein Werk erschaffen kann. Viele der Noten Bachs kopiert sie für ihn handschriftlich. Dass Bach „noch Zeit und Konzentration für seine kompositorische Arbeit aufbrachte, ist vielfach bewundert und bedacht worden. Über die Belastungen, denen Anna Magdalena Bach ausgesetzt war, schweigen Historie und Historiker."

BEDENKT MAN, DASS ANNA MAGDALENA IN

↦ 20

↦ 13

↦ 10

↦ 10

↦ 7

↦ 6

↦ 3

↦ 4

↦ 1

Jahren

Kinder auf die Welt bringt, kommt dies einer Mammutaufgabe nahe. Die ersten

Kinder gebiert sie in den

Jahren 1723-1733, sie war also nahezu immer schwanger, stillend und allesaufeinmalgleichzeitig. Von den

Töchtern und

Söhnen erreichen

nicht mal das erste Lebensjahr,

sterben im Kindesalter und

ist geistig behindert.

Eventuelle Fehlgeburten nicht einberechnet.

Christiana Sophia
Henrietta
1723 – 1726

Gottfried Heinrich
1724 – 1763

Christian Gottlieb
1725 – 1728

Elisabeth Juliana
Friederica
1726 – 1781

Ernestus Andreas
1727

Regina Johanna
1728 – 1733

Christiana Benedicta
1730

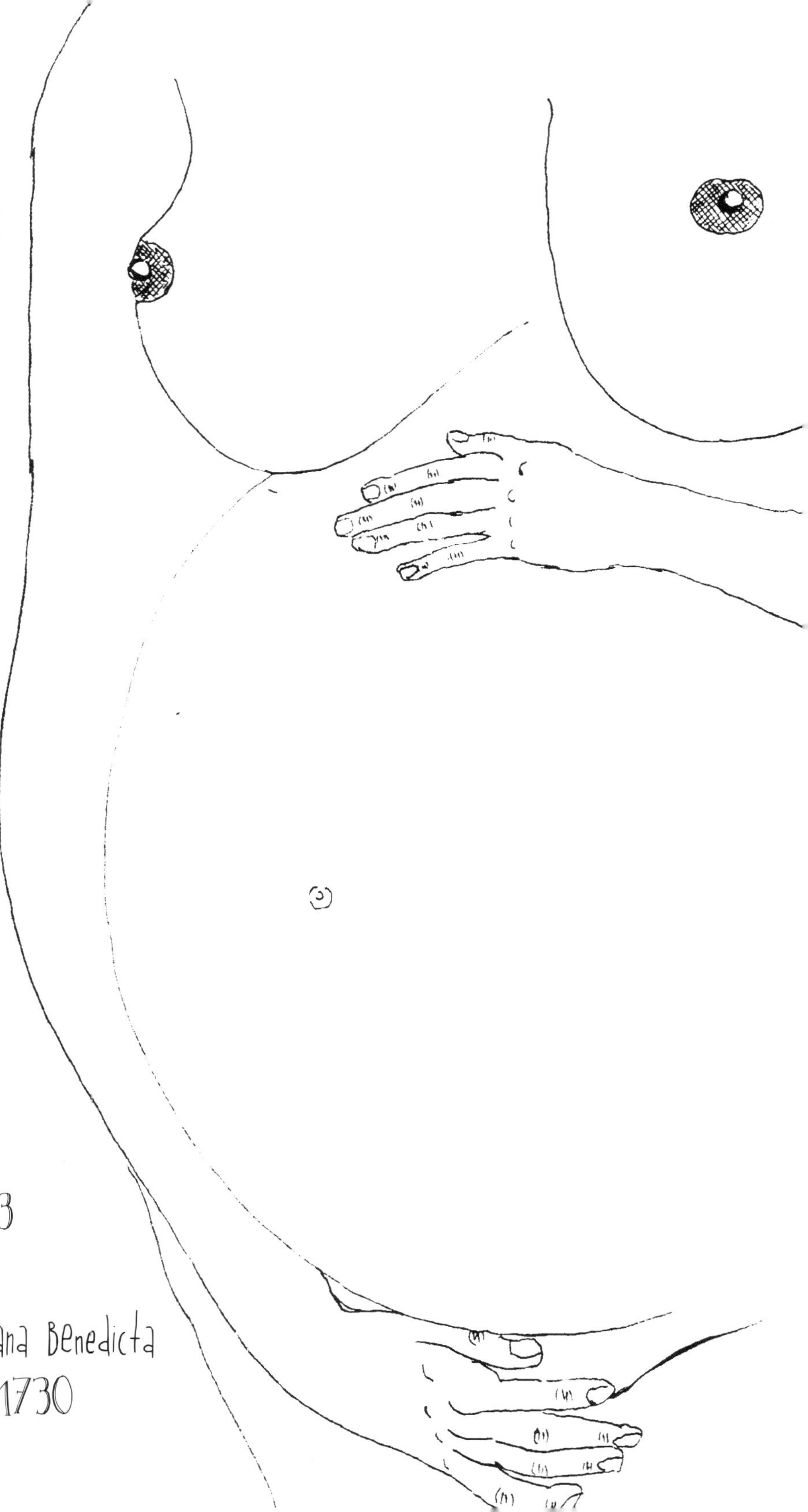

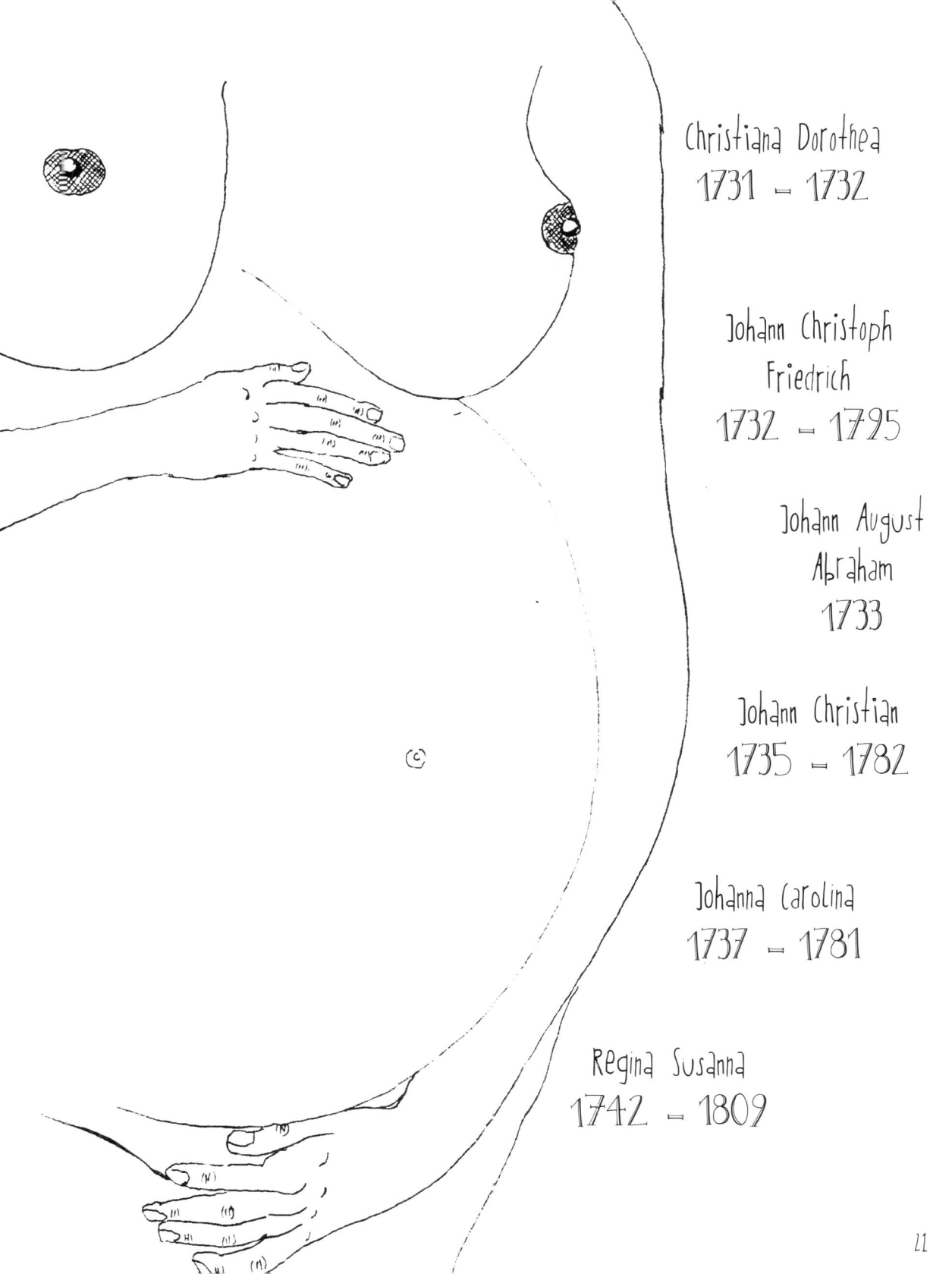

Christiana Dorothea
1731 — 1732

Johann Christoph
Friedrich
1732 — 1795

Johann August
Abraham
1733

Johann Christian
1735 — 1782

Johanna Carolina
1737 — 1781

Regina Susanna
1742 — 1809

Als Johann Sebastian Bach am 28. Juli 1750 stirbt, hinterlässt er seiner Familie kaum finanzielle Rücklagen und kein Testament. Dafür aber ==8 Klaviere== und andere wertvolle Instrumente. Für einen schnelleren Auszug aus der Dienstwohnung in der Thomasschule sackt Anna Magdalena immerhin ein paar Scheffel Korn ein. Die Vormundschaft über die drei Kinder, die weiterhin in ihrem Haushalt leben, erhält sie nur unter der Bedingung, dass sie nicht wieder heiratet.[8] Auch unterstützen ihre erwachsenen (Stief-)Kinder sie nicht. Ob und inwiefern verarmt sie schließlich neun Jahre später

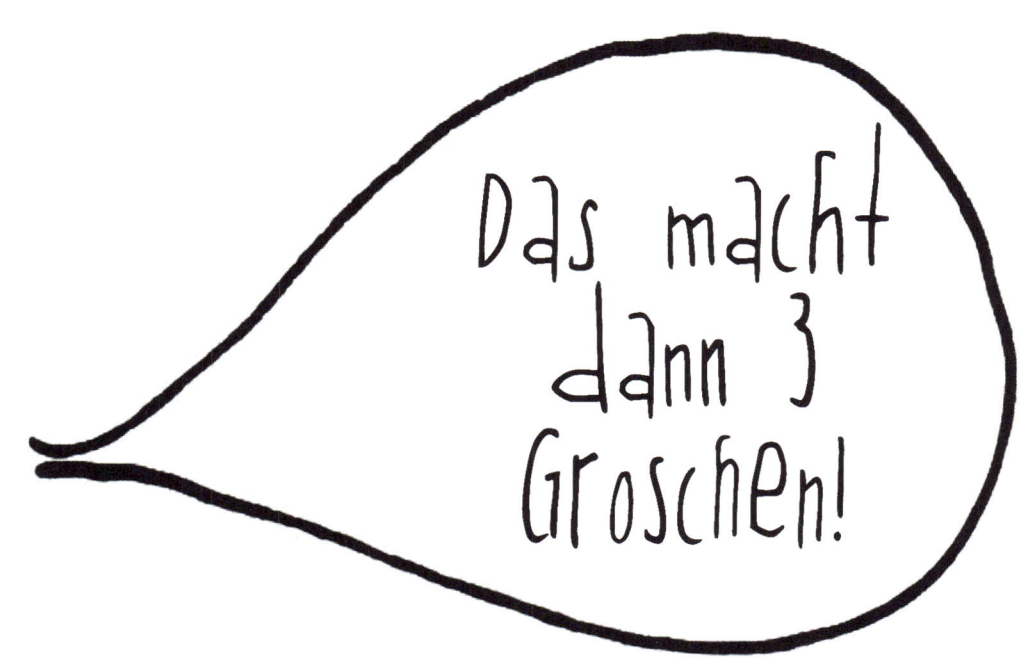

Das macht dann 3 Groschen!

Im Alter von 58 Jahren stirbt, ist Teil der Spekulationen. Immerhin erhält sie als „Almosenfrau" eine regelmässige Witwenrente der Stadt Leipzig und Unterstützung der Universität Leipzig. Auch unklar ist, ob sie ein Armenbegräbnis ohne Kennzeichnung bekam oder ihre Überreste im Grab ihres Mannes beigesetzt wurden. Das, was von ihr ursprünglich erhalten blieb, ein Ring, ein Fingerhut und eine Schuhschnalle, war in der Johanniskirche untergebracht und wurde im Zweiten Weltkrieg zerstört.

Constanze & MOZART

Constanze Mozart ist wohl eine der verfemtesten Frauen in der Musikgeschichte. Sie kommt einfach selten gut weg. Eher werden ihr schier unglaubliche Wesenszüge vorgeworfen, vieles ist unfassbar anmaßend:

"Constanze war eine leichtlebige, dabei triebhafte Natur, sie gewährte Mozart – und vielleicht nicht nur ihm – erotische, zumindest sexuelle Befriedigung, wäre aber unfähig gewesen, ihm jenes Glück zu spenden, dessen ein geringerer zu seiner Selbstverwirklichung bedurft hätte."[10]

Die am 5. Januar 1762 in Zell im Wiesental geborene Maria Constanze Caecilia Josepha Johanna Aloisia Mozart, geborene Weber wird als schlechte Hausfrau, als ihrem Mann nicht würdig, von dumpfer Triebhaftigkeit getrieben, als betrügerische Geschäftsfrau und als eine Person porträtiert, die Krankheiten simulierte.[11]

Woher genau will der Verfasser dieses Zitates denn das so genau wissen? Und was für eine fiese Unterstellung?!

Da fragt man sich doch, warum sie so dargestellt wird.

VOR ALLEM, WEIL EIGENTLICH NUR SUPER WENIG ÜBER CONSTANZE BEKANNT IST: SIE WÄCHST ALS VIERTES DER SIEBEN KINDER VON FRANZ FRIDOLIN WEBER, DER AB 1763 BASSIST, SOUFFLEUR UND NOTENKOPIST DES MANNHEIMER HOFTHEATERS WAR,[12] UND MARIA CÄCILIA CORDULA STAMM ZUNÄCHST IN MANNHEIM AUF. 1777 LERNT DIE SEHR MUSIKALISCHE FAMILIE WOLFGANG AMADEUS MOZART KENNEN, DER SICH 22-JÄHRIG HEFTIG IN CONSTANZES ÄLTERE SCHWESTER ALOISIA VERLIEBT UND IHR DREI SEINER ITALIENISCHEN ARIEN WIDMET.[13]

Aus seinen amourösen Bestrebungen wird allerdings nichts, und als die Familie Weber 1781 nach Wien übersiedelt, ist Aloisia schon mit Joseph Lange verheiratet. Eine Zeitlang wohnt Wolfgang Amadeus bei den Webers als Untermieter, er und Constanze verlieben sich ineinander und heiraten am 4.8.1782. Der Vater von Mozart, Leopold Mozart, ist davon allerdings wenig begeistert.

Liest man die Briefe von Wolfgang Amadeus an Constanze, die erhalten sind,[15] wird deutlich, dass sie eine durchaus glückliche Ehe führten, dass sie ihn zu Werken inspirierte und ihn in seiner Arbeit unterstützte. Als begeisterte Sopranistin teilt die von Mozart liebevoll „Stanzi Marini" genannte Frau die Interessen ihres Ehemanns und ordnet seine maroden Finanzen. Während das Genie arbeitet, versorgt sie ihn mit Kaffee und Punsch und organisiert seine Konzerte. Ausserdem begleitet sie ihn auf vielen seiner Reisen.[16] Hört sich jetzt nicht so nach grauenhafter Ehefrau an. Dass es aber ANDERSRUM WAHRSCHEINLICH NICHT BESONDERS EINFACH WAR, mit dem rastlosen, arbeitswütigen Genius verheiratet zu sein, wird in der Forschungsliteratur nicht beachtet. Immerhin heiratet Constanze einen kleinen, blassen Komponisten, in dessen Gesicht die Pocken ihre Spuren hinterlassen haben. Der wenig Erfolgschancen hat, unflätigen Witzen nicht abgeneigt ist und einen ausgefallenen Modegeschmack mit sich herumträgt. Mal ganz zu schweigen von dem mangelnden Realitätsbezug Mozarts und der Ablehnung von Mozarts Vater Leopold gegenüber Constanze.[17] Immerwährende Geldsorgen, verursacht durch Mozarts Freigebigkeit und Spielleidenschaft und durch Constanzes Beinleiden, und gelegentliche Liebschaften Mozarts werden in der Literatur völlig relativiert. Mozarts Liebeleien sogar als „Mannsbilderspäße"[18] heruntergespielt.

liebstes Weibchen,

hätte ich doch auch schon einen briefe von dir! - wenn ich
dir alles erzehlen wollte, was ich mit deinem lieben
Porträt anfange, würdest du wohl oft lachen. - zum
beyspiell; wenn ich es aus seinem Arrest heraus-
~~nehme~~ neme, so sage ich; grüss dich gott Stanzerl! - grüss
dich gott grüss dich gott; Spizbub - knallerballer, - Spizignas -
bagatellerl - schluck und druck! - und wenn ich es wieder
hinein thue; so lasse ich es so nach und nach hinein
rutschen, und sage imer, Stu! - Stu! - Stu! - aber mit dem
gewissen Nachdruck, den dieses so viel bedeutende Wort
erfordert; und bey dem lezten schneller, gute Nacht, Mauserl,
schlaf gesund; - Nun glaube ich so ziemlich was dunes / für
die Welt wenigstens / hingeschrieben zu haben - für uns aber,
die wir uns so innig lieben, ist es gewis nicht dum. heute
ist der 6t: tag, daß ich von dir weg bin, und bey gott, mir
scheint es schon ein Jahre zu seyn. - du wirst wohl oft mühe
haben meinen brief zu lesen, weil ich in Eyle, und
folglich etwas schlecht schreibe; - adieu liebe, einzige! - der
Wagen ist da - da heist es nicht, bravo und der Wagen
ist auch schon da - sondern - Male; - lebe wohl, und liebe
mich Ewig so wie ich dich; ich küsse dich Millionenmahl
auf das zärtlichste
und bin ewig

dein dich zärtlich liebender gatte

W:A:Mozart

Während ihrer Ehe mit Mozart wird Constanze in acht Jahren sechsmal schwanger, nur Carl Thomas und Franz Xaver Wolfgang überleben. Zudem leidet sie immer wieder an einem Beinleiden und ist deswegen viermal auf Kur. Mozarts Briefen kann man die Sorge um seine in Heilbehandlung weilende Frau entnehmen.

INWIEFERN DA WAS SIMULIERT WURDE, KANN SICH WOHL NUR JEMAND FRAGEN, DER KÖRPERLICH NICHT DAZU IN DER LAGE IST, IN ACHT JAHREN SECHS KINDER ZUR WELT ZU BRINGEN UND DAVON VIER KURZ NACH DER GEBURT ZU BEERDIGEN.

Als Wolfgang Amadeus Mozart am 5. Dezember 1791 an „hi!-zigem Frieselfieber" stirbt, hinterlässt er seiner Constanze zwei Kinder, einen Berg an Schulden und eine unfertige Partitur eines Requiems. Dazu noch einen Stapel ungeordneter und teils unvollständiger Musikautographen. Constanze klingt ziemlich resigniert in ihrer Aussage:

„Der Welt hat er seine Musik hinterlassen, mir nur Schulden und zwei unmündige Kinder.

Tatsächlich hinterlässt Mozart ihr nichts als den Ruhm.[22] Und zumindest Constanzes »Ruhm« ist zweifelhaft. Unbestreitbar verdankt die Nachwelt es allerdings vor allem Constanze, dass Mozarts Werke uns in dieser umfassenden Form erhalten sind.[22] Nach Mozarts Tod verkauft sie dessen Werk nicht einfach, sondern bietet es erst 1799 dem Verleger André gesammelt an. Ausserdem schreibt sie zusammen mit ihrem zweiten Ehemann Georg Nikolaus Nissen eine erste Mozartbiographie. Am 6. März 1842 stirbt Constanze in Salzburg.

Betrachtet man, wie wenig über Constanze bekannt ist, erscheint es wirklich fragwürdig, warum sie einen so schlechten Ruf genießt. Immerhin ändert sich langsam etwas in der Wahrnehmung von Constanze:

„Die heutige Musikwissenschaft entdeckt in der Persönlichkeit Constanzes immer mehr Charakterzüge, die ihre Rolle als nächster und wichtigster Mensch für das Genie Wolfgang A. Mozart, der sie, wie er so oft betonte, innigst liebte, in neuem Licht erscheinen lassen."

Allerdings prägen solche Sätze immer noch das Bild, das wir von Constanze Mozart haben:

„Constanzes Ruhm besteht darin, dass Mozart sie geliebt hat und damit in die Ewigkeit mitgenommen hat, so wie der Bernstein die Fliege..."

IMMERHIN WURDE
MITTLERWEILE EINE
ROSENSORTE NACH
IHR BENANNT.

Lita GREY CHAPLIN

Lita Grey Chaplin wird am 15. April 1908 als Lillita Louise MacMurray in Hollywood geboren. Als einziges Kind einer „schnell scheiternden Ehe zwischen Teenagern"[15] erlebt sie bereits in jungen Jahren einige Schicksalsschläge. Nach zwei Jahren Ehe verlässt der Vater Robert Earl McMurray die junge Familie, die Mutter Lillian heiratet noch drei weitere Male. Dadurch wächst Lita zum Teil bei ihren Großeltern auf, den strengen Großvater beschreibt sie selbst als „Zuchtmeister"[16]. Dieser hat klare Vorstellungen davon, wie das Leben seiner Tochter und Enkeltochter so ablaufen sollte und steht dem aufkommenden Filmgeschäft in Hollywood sehr skeptisch gegenüber. Nichtsdestotrotz spielt Lita ab dem zwölften Lebensjahr in den Charlie-Chaplin-Filmen THE KID und THE IDLE CLASS kleinere Rollen, nachdem sie ihn als Kind schon einmal in einer Teestube kennen gelernt hatte.

Die Mutter, die sich fast schon paranoid um ihr kleines Mädchen sorgt, begleitet die Tochter zu den Filmdrehs als Aufsichtsperson und erhält selbst kleinere Rollen. Allerdings hält ihre Hauptrolle als Anstandswauwau ihrer minderjährigen Tochter nicht besonders lange.

ALS DER FLIRTENDE ENGEL IN DER TRAUM-
SZENE IN THE KID ENTDECKT LITA
AUCH IM LEBEN VOR DEN KAMERAS AMOURÖSE
GEFÜHLE FÜR CHARLIE CHAPLIN, DEN SIE
ZUVOR EHER ALS VATERFIGUR ERLEBTE.[27]
UND AUCH CHAPLIN SCHEINT IMMER MEHR
GEFALLEN AN DEM TEENIE ZU FINDEN:
ALS SICH LITA DREI JAHRE SPÄTER DIE
WEIBLICHE HAUPTROLLE IN THE GOLDRUSH
ANGELT UND NUN UNTER DEM KÜNSTLERNAMEN
LITA GREY AGIERT,[28] NIMMT IHR LEBEN
RASANT AN FAHRT AUF. ES SCHEINT, ALS
HABE DER GROßVATER, DESSEN WARNUNG,

„Ihr zwei werdet ein schlechtes Ende erleben, wenn ihr euch mit diesen Filmleuten einlasst!" 29

UNERHÖRT BLEIBT, VORAUSGESEHEN, WAS UNWEIGERLICH FOLGT.

Während der Dreh-
arbeiten in Truckee
macht Chaplin der
fünfzehnjährigen zunächst
schöne Augen, später
kommt es zu einem
Verführungsversuch, der
fast einer versuchten
Vergewaltigung
gleichkommt und das
junge Mädchen verwirrt
und mit dem Gefühl
zurücklässt, nie wieder
sauber zu werden.[30]

TROTZDEM IRGENDWIE GESCHMEICHELT VON DEM INTERESSE DES BERÜHMTESTEN MANNES DER WELT, NACH DAMALIGEN MASSSTÄBEN, LÄSST SICH LITA JEDOCH BALD AUF CHARLIE CHAPLIN EIN. UNTER VORTÄUSCHUNG EINER ANSTANDSDAME, UM DIE MUTTER ZU BERUHIGEN, BEGINNEN DIE BEIDEN EINE BEZIEHUNG.

Als „unschuldiges und unerfahrenes Mädchen" habe sie sich „UNTER ZUSAGE DER EHE" von Chaplin in der Sauna seines Hauses verführen lassen, wie man ihrer späteren Scheidungsklage entnehmen kann.

Die Beziehung läuft zunächst heimlich, Sorgen über die Gefahr einer Schwangerschaft macht sich Lita wenig, da Charlie Chaplin ihr versichert, sie müsse sich keine Gedanken machen. Sie scheint - für die Zeit sicher völlig normal - jedoch auch bemerkenswert schlecht aufgeklärt zu sein.

Sie ist **überzeugt**, dass sie nicht schwanger werden kann, solange sie keinen Orgasmus hat.[32]

Na Bravo! Das Unweigerliche geschieht, und Lita wird von dem fast zwanzig Jahre älteren „Father turned Lover"[33] schwanger. Der Mann, der einst sagte, „die Jugend wäre eine schönere Zeit, wenn sie erst später im Leben käme."[34], scheint seiner zweiten Ehefrau genau diese genommen zu haben.

Von allen Ehefrauen, die der Komiker über die Jahre so ansammelt (insgesamt vier), ist Lita Grey die jüngste. Wesentlich älter waren die anderen jedoch auch nicht, auch wenn Chaplin natürlich selber nicht jünger wird. Seine letzte Ehefrau Oona O'Neill ist bei der Heirat achtzehn, Chaplin bereits dreiundfünfzig.[35]

Während die kleine Lita sich noch darüber Gedanken macht, ob sie jetzt eine Schlampe ist, da sie mit Charlie Chaplin unverheiratet geschlafen hat, macht sich die Teenagerin keinerlei Gedanken über Schwangerschaft. Der ältere Mann, den Lita zunächst als Vaterfigur gesehen hatte, erklärt ihr auch weltmännisch, dass sie darüber gar nicht nachdenken müsse. Als sie jedoch schwanger wird, ändert sich alles. Als sie Charlie Bescheid gibt, erntet sie von ihrem Verführer, von dem sie immer nur Anerkennung erhofft hat, ein ach so liebevolles

»GET OUT OF
MY SIGHT
YOU LITTLE WHORE!«[16]

Mit der Schwangerschaft ändert sich Charlies Verhalten. Noch kurz vorher daran interessiert, Litas Gunst und wohl vor allem ihren Körper zu besitzen, umschmeichelte er sie. Nun flippt er völlig aus, zweifelt die Vaterschaft an, rät ihr zu einer Abtreibung und sagt, dass sie gerne jemanden heiraten könne, ihn aber sicher nicht.[37] Aufgrund des Drucks, den Litas Verwandte auf Chaplin ausüben – scheinbar wurde da mit einer Shotgun nachgeholfen[38] –, aber sicherlich vor allem aus Angst vor einer Gefängnisstrafe (Verführung Minderjähriger) entschließt er sich letzten Endes, Lita am 24. November 1924 im mexikanischen Empalme möglichst ohne Presserummel zu heiraten.

Inwiefern es Planung der Tochter und Mutter war, dass Lita den größten Komiker der damaligen Zeit verführt und schwanger wird, um ihn anschließend auszunehmen wie eine Weihnachtsgans, sei dahingestellt. Diesem Vorwurf begegnet man zwar immer wieder, zu ihrem Schutz lässt sich aber Folgendes sagen: Lita war fünfzehn. Und welche Fünfzehnjährige träumt nicht davon, von einem der berühmtesten Männer der Welt geliebt und verehrt werden?

Die erzwungene Ehe zwischen Lita Grey und Charlie Chaplin ist von Vornherein zum Scheitern verurteilt. Charlie Chaplin scheint darauf bedacht, seine frisch gebackene minderjährige Ehefrau wissen zu lassen, dass sie nicht willkommen ist: Er zieht sich in die Arbeit zurück, hat eine Liebelei nach der anderen und zeitgleich ein überwachsames Auge auf sie. Der große Komiker lässt seine Kindfrau sogar mithilfe von Abhörgeräten gegen Ende ihrer Beziehung ausspionieren.[39] Eines seiner berühmten Zitate,

„Wir sollten am Glück des Anderen teilhaben und nicht einander verabscheuen. Wir wollen uns nicht hassen oder verachten."[40],

scheint für ihn nicht auf seine junge Frau übertragbar gewesen zu sein. Das Ausmaß der Verachtung Chaplins für seine neue Ehefrau wird schon während der Heimreise von Mexiko nach Los Angeles offenkundig.

Direkt nach der Hochzeit empfiehlt der sich ach so rührend um seine schwangere Frau sorgende frisch gebackene Ehemann Charlie Chaplin, dass Lita doch am besten gleich aus dem fahrenden Zug springen möge.

Nach der Geburt des ersten Sohnes Charles Jr. am 5.5.1925, der später an Alkoholmissbrauch sterben wird, ändert sich die Beziehung der beiden kurzzeitig wieder. Ähnlich wie vor der Ehe haben die beiden sehr viel Sex. Die Geburtsurkunde des ersten Sohnes wurde übrigens gefälscht, so dass es so aussah, als wäre Lita erst in der Ehe schwanger geworden. Als sie wenig später, wer hätte damit gerechnet, wieder schwanger wird, gleicht das einem Todesstoß. Am 30. März 1926 kommt Sidney zur Welt, man beachte den Abstand zwischen den zwei Geburten.

Nach einer spektakulären Scheidungsklage und einem widerlichen Scheidungskrieg erreicht Lita Grey Chaplin 1927 eine bis dahin nie erreichte Abfindungssumme.[43] Liest man die Scheidungsklage, die für jedermann erhältlich war, so wird plötzlich eine neue Facette des so gefeierten Komikers offensichtlich: „Die Klägerin gibt an, dass der Beklagte sie seit ihrer Eheschließung grausam und unmenschlich behandelt habe und ihr ungerechtfertigt schwere geistige und seelische Leiden zugefügt habe."[44] Außerdem handelt die Klage von Wutanfällen, Bedrohungen, etlichen Affären und schrägen, teilweise nach damaligem Recht in Californien verbotenen, sexuellen Vorlieben.[45]

Section 288a of the California Penal Code:
„Any person participating in the act of copulating the mouth of one person with the sexual organ of another is punishable by imprisonment in the state prison for not exceeding fifteen years."

Lita, nun ganz „erwachsen", schmeißt ihr Geld aus dem Fenster, kauft sich ein Haus, feiert Partys und gewöhnt sich zusehends einen immer besorgniserregenderen Alkoholkonsum an.[46]

Als ihr bald das Geld ausgeht, unterschreibt sie 1929 einen Vertrag als Vaudevillesängerin, da ihr schauspielerisches Talent sich in Grenzen hält. Dieses Engagement bringt ihr begeisterte Kritiken ein. Doch scheint das Interesse des Publikums eher an dem Nachnamen und dem vorangegangenen Skandal zu liegen.[47] Die Warnung der Mutter, sie würde ihre Kinder vernachlässigen, ignoriert sie.

NACH EINER LIEBESNACHT
MIT DEM BOXER GEORGES
CARPENTIER IN PARIS IST
LITA UNGLAUBLICH IN
DIESEN VERLIEBT, IHRE
BEZIEHUNG DAUERT FÜNF
JAHRE LANG.

Ihr Alkoholkonsum wird immer mehr zu einem Problem, bis sie schließlich den Geschmackssinn verliert, Farben nicht mehr richtig wahrnimmt, auf Geräusche überempfindlich reagiert und ihr Geruchssinn sie zu paranoiden Fantastereien über Giftanschläge verleitet.[18]

Aus der Mischung von Alkohol, Showgeschäft, Selbstzweifel, gebrochenem Herzen und Gewissensbissen wegen der Kinder, die sie an ihre Mutter gegeben hat, wird ein handfester Nervenzusammenbruch, den sie mithilfe von stationärer Behandlung und Elektroschocktherapie überwindet.

Kurz hintereinander heiratet sie erst den Tänzer Henry Aguirre und dann den Theateragenten Arthur Day. Letzterer ist ebenfalls ein hartgesottener Trinker.

Als es in dieser dritten Ehe anfängt zu kriseln, beginnt sie wieder zu trinken, um die Ehe zu retten. Nach nicht mal einem Jahr ist sie wieder dem Alkohol verfallen. Die Ehe hält nicht.

Nach der Trennung muss Lita, mittlerweile völlig pleite, ihr Haus verkaufen. Der Arzt rät ihr, nie wieder zu trinken.

In ihrer Verzweiflung trifft sich Lita mit Charlie Chaplin, von dem sie nie richtig losgekommen ist. Dieser rät ihr ebenfalls zu einer Behandlung, entschuldigt sich bei ihr und äußert ihr gegenüber laut ihren Memoiren, dass er in seinem Leben nur zwei Frauen geliebt habe, Lita und seine jetzige Ehefrau:

„For what it's worth after
all these years, I've really loved
only two women - you and the girl
who's my wife now. I'm sorry
I wasn't able to be a
real husband."[50]

Charlie Chaplin ist seine zweite Ehefrau in seiner 1964 erschienenen Biographie allerdings kaum eine Erwähnung wert.[51]

Auch eine erneute Heirat mit dem Bankangestellten Pat Longo verläuft nicht glücklich. Bei der Lektüre ihrer beiden Memoiren bemerkt man, dass Lita Grey Chaplin nie von Charlie Chaplin losgekommen zu sein scheint und die Erfahrungen aus ihrer ersten Ehe einen sehr dunklen Schatten auf den Rest ihres Lebens werfen. Wieviel Leid hätte ihr und ihren Kindern vielleicht erspart bleiben können, wäre sie besser aufgeklärt gewesen. Also Jungs & Mädels:

FRAUEN BEKO
AUCH OHNE OR
MANN FRÜHER
WENN ES IHR
MACHT UND VO
ANDEREN UNS

MMEN BABYS,

ASMUS, WENN

RAUSZIEHT,

KEINEN SPAß

N DEM GANZEN

NN AUCH

Mileva Einstein-Marić

Am 19. Dezember 1875 erblickt Mileva Einstein-Marić in Titel, zu der Zeit noch Teil der Österreichisch-Ungarischen Monarchie, heute Serbien, das Licht der Welt. Sie ist Tochter des Miloš Marić und der Montenegrinerin Marija Ružić. Zwar als

„Tochter eines slawischen Bauern"[52],

als „Bauernmädchen"[53] oder als

„aus einer rechtschaffenen serbischen

Bauernfamilie stammend"[54]

bezeichnet, ist der Vater eigentlich serbischer Beamter und Gutsbesitzer,[55] der zudem eine Karriere im Militärdienst und als Kanzlist hinlegt.[56] So sehr Bauernmädchen, wie von manchen Einstein-Biographen behauptet, war sie also nicht. Das mag wohl eher der Achtung der Person Mileva Einstein-Marić dienen.

In dieser wohlhabenden Familie wächst Mileva wohlbehütet und gefördert auf. Schnell wird klar, dass sie ausgesprochen intelligent ist. Die Tochter wird für damalige Zeit außerordentlich gefördert und wechselt an immer exklusivere Schulen: von der Serbischen Höheren Mädchenschule in Novi Sad auf die Realschule, dann aufs königlich-serbische Gymnasium in Šabac, schließlich als **einziges Mädchen** ans Obergymnasium Zagreb, damals noch Agram. Dort darf sie nach einem Jahr sogar den Physikunterricht besuchen, in Mathematik und Physik erreicht sie die Note „Brilliant".[51]

Da ihr Bildungshunger noch nicht gestillt ist, geht Mileva mit 18 in die Schweiz, besucht dort die Höhere Töchterschule in Zürich und erlangt in Bern die Maturität.

Zu der Zeit war die Schweiz neben Frankreich das einzige Land, in dem Frauen studieren konnten. Unvorstellbar aus heutiger Sicht.

Nach einem Semester Medizin schreibt sie sich am Polytechnikum in Zürich, der heutigen Eidgenössischen Technischen Hochschule (ETH), in der Abteilung VI A: Mathematik und Physik ein und beginnt 1896 ihr Studium.

Vor ihr waren bereits fünf Studentinnen an der Abteilung VI A eingeschrieben, Marie Elisabeth Stephansen aus Norwegen ist die Einzige bis dahin, die ihr Studium mit einem Diplom abschließt.[58] Die Abbruchquote von Studentinnen an Schweizer Hochschulen betrug bis 1900 90%, was auch daran gelegen haben mag, dass Frauen als Studentinnen zum einen nicht besonders ernst genommen wurden und in dieser damals im wahrsten Sinne des Wortes männerdominierten Welt weniger betreut und gefördert wurden. Andererseits war die Rolle der Frau auch noch wesentlich weniger selbstbestimmt als heute: Falls eine Verlobung oder eine Heirat im Raum stand, wurde von Frauen erwartet, ihre eigenen Interessen zu vernachlässigen, ihr Studium aufzugeben und ihren Mann zu unterstützen.[59] Anders gesagt: Ihr eigenes Leben völlig hintanzustellen und nur noch für das Wohl ihres Mannes zu existieren. Kein besonders erbauliches Umfeld also, in dem sich Mileva da befindet.

FRAUEN GEHÖREN NICHT AN DIE HOCH-SCHULE

Am Polytechnikum lernt sie Albert Einstein kennen, einen Kommilitonen in der Abteilung VI A. Sie besuchen dieselben Veranstaltungen, arbeiten und lesen zusammen, befreunden sich und verlieben sich schließlich.[60] Eventuell aus Angst vor dieser Liebe geht Mileva nach Heidelberg, um dort weiter zu studieren. Auch wenn jeder Professor einzeln sein Placet geben muss, dass Mileva seine Veranstaltungen besuchen darf.[61] Ein Jahr später kommt Mileva jedoch zurück nach Zürich, Albert ist sehr glücklich über die Rückkehr seiner *kleinen Ausreißerin*.[62] Wieder arbeiten und lesen sie zusammen, in Alberts Briefen wird deutlich, wie sehr er es genießt, unter der „wohltätige[n] Fuchtel"[63] Milevas zu lernen:

„Als ich das erstemal im Helmholtz las, konnte ichs gar nicht begreifen, daß Sie nicht bei mir saßen & jetzt gehts mir nicht viel besser. Ich finde das Zusammenarbeiten sehr gut & heilsam & daneben weniger austrocknend." [64]

Beide schreiben ihre Diplomarbeiten bei Professor Weber über die Wärmeleitung. Anders als Einstein besteht Mileva die Abschlussprüfung 1900 allerdings nicht und muss diese im nächsten Jahr wiederholen. Zu diesem Zeitpunkt ist Mileva schwanger. Mit einem unehelichen Kind, das wahrscheinlich während eines von den Eltern nicht gebilligten Trips an den Comer See im Mai 1901 entstanden ist.[65] Auch die zweite Diplomprüfung besteht sie nicht und verschwindet direkt danach zu ihren Eltern, um einen Eklat um des unehelichen Kindes willen zu vermeiden. Ende Januar 1902 kommt Lieserl auf die Welt, ein Mädchen, das der Vater Albert Einstein nie zu Gesicht bekommen wird.[66] Was mit dieser unehelichen Tochter geschieht, ist höchst rätselhaft, mag sein, dass sie bald nach der Geburt stirbt, vielleicht wurde sie auch zur Adoption freigegeben.[67] Zuletzt wird sie in Einsteins Briefen im September 1903 in Zusammenhang mit Scharlach erwähnt.[68]

ALBERTS ELTERN SIND ÜBERHAUPT NICHT ANGETAN VON DER BEZIEHUNG DER BEIDEN, DIE MUTTER IST SO UNGLÜCKLICH ÜBER DIE „DOCKERLAFFÄRE", DASS SIE IHREM SOHN MEHRERE SZENEN MACHT.[69] UND DAS SCHON VOR MILEVAS SCHWANGERSCHAFT. NACH SEINEM ABSCHLUSS BEMÜHT SICH ALBERT, EINE ANSTELLUNG ZU FINDEN, DAMIT ER MILEVA HEIRATEN KANN. ES DAUERT ABER BIS 1902, BIS ER EINE STELLE BEIM EIDGENÖSSISCHEN AMT FÜR GEISTIGES EIGENTUM IN BERN ANTRITT. AM 6. JANUAR 1903 HEIRATEN MILEVA UND ALBERT SCHLIESSLICH UND BEKOMMEN IM LAUFE DER EHEJAHRE ZWEI SÖHNE: HANS ALBERT (✶1904) UND EDUARD (✶1910).

AUS EINSTEINS BRIEFEN GEHT HERVOR, WIE SEHR ER DIE ZUSAMMENARBEIT MIT SEINER FRAU, SEINER „KLEINE[N], LIEBE[N] RECHTE[N] HAND"[70] SCHÄTZT:

„Wie glücklich und stolz werde ich sein, wenn wir beide zusammen unsere Arbeit über die Relativbewegung siegreich zu Ende geführt haben!"[71]

DIESE UND ÄHNLICHE AUSSAGEN ÜBER „unsere Abhandlung"[72] HABEN IN DEN LETZTEN JAHREN EINE DISKUSSION UM EINE MÖGLICHE KOAUTORINNENSCHAFT MILEVAS BEFEUERT. FEST STEHT AUF JEDEN FALL, DASS DIE QUELLENLAGE SEHR DÜRFTIG IST, WAS JEDOCH MANCHE NICHT DAVON ABHÄLT, MILEVA VÖLLIG IN DEN DRECK ZU ZIEHEN:

„Wenn er ihr als Fachkollegin seine Ideen, von denen er überfloß, mitteilen wollte, war ihre Reaktion so dürftig und schwach, daß er oft nicht recht wußte, ob sie sich dafür interessierte oder nicht."[73]

Diese Herabwürdigung Milevas steht in krassem Gegensatz zu den Briefen Einsteins, in denen er immer wieder betont, wie sehr er die Gespräche mit ihr, ihren Rückhalt und ihre emotionale Unterstützung honoriert. Es scheint, als wäre es für manche nicht akzeptierbar, dass *das einsame Genie* vielleicht doch in irgendeiner Form HILFE gehabt haben könnte. Als Ehefrau war Mileva sicherlich die zentrale Figur in Einsteins Leben, sein Resonanzboden, wie so häufig betont wird. Sicherlich aber auch eine Zuarbeiterin, ein Anker, eine Freundin, Korrespondentin und Kollegin. Milevas Beitrag zu Einsteins Werk ist aber wohl nicht mehr zu klären, da beispielsweise die Originalmanuskripte der Relativitätstheorie zerstört sind. Ein Schelm, der sich dabei etwas denkt. Geradezu abartig ist jedoch, wie sehr sich manche verleitet fühlen, ihr jedwede Kompetenz abzusprechen. Es scheint, als wäre es

unmöglich,
undenkbar
und völlig
hirnverbrannt

DASS DER GROßE ALBERT EINSTEIN HILFE GEHABT HABEN KÖNNTE. ZUM SCHUTZ DES MÄNNLICHEN IDENTIFIKATIONSOBJEKTS SAMMELN SICH FRAUENFEINDLICHE, SEXISTISCHE UND SOGAR RASSISTISCHE ANKLAGEN.[76] SO WIRD SIE BEISPIELSWEISE ALS NAHEZU UNFÄHIG DARGESTELLT, DA SIE JA ZWEIMAL DIE ABSCHLUSSPRÜFUNG NICHT BESTANDEN HAT, NIEMALS FESTANGESTELLT ALS LEHRERIN GEARBEITET HAT UND KEINE DOKTORARBEIT HAT.[77]

DASS DAS ALS ALLEINERZIEHENDE MUTTER ZWEIER KINDER, VON DENEN EINES AN SCHIZOPHRENIE ERKRANKT IST, NICHT UNBEDINGT ERSTAUNLICH IST, WIRD AUßEN VOR GELASSEN.

Moment!

Alleinerziehend?

Ja, dazu kommen wir jetzt. Mit Einsteins wachsendem Erfolg nehmen die Eheprobleme zu. Obwohl Mileva ihrem Mann zunächst nach Zürich, dann nach Prag und zurück nach Zürich folgt, scheinen die Ehepartner immer mehr auseinanderzudriften. Und dann fährt Albert nach Berlin und trifft auf seine mittlerweile geschiedene Cousine Elsa Einstein-Löwenthal.

Ihr Geburtsname war Einstein, durch die Heirat mit Albert erlangt sie ihn wieder. Irgendwas ist da doch superschräg.

94

Ab 1912 schreibt Einstein flammende Liebesbriefe an Elsa, er beschwert sich über seine Ehefrau und vergleicht die Stimmung zuhause mit einer Friedhofsatmosphäre.[78]
Schrieb er noch 1901 an Mileva:

„Solange noch Lust und Kraft in mir ist, werd ich mich in Deinem Besitz glücklich fühlen, und Du wirst meir [Genau so!] ein kleines Heiligtum sein."[79]

So liest man 1913 in einem Brief an Elsa über Mileva:

„Sie ist eine unfreundliche humorlose Kreatur, die selbst nichts vom Leben hat und anderer Freude am Leben durch ihre bloße Anwesenheit untergräbt."[80]

Er beschreibt, dass er Mileva wie eine Angestellte behandelt, der er allerdings nicht kündigen kann.[81] Na, ob da nicht mal zwei Schuld waren an der Friedhofsstimmung? Oder auch nur einer?

KOSENAMEN FÜR MILEVA EINSTEIN-MARIĆ VOR

Doxerl/Dockerl
Hauptkerl
Hexchen
Geliebte Hex
Blühendes Schätzchen
Mein Gassenbub
Kloane
Wüste Hex
Mein kleines Alles
Mein lieber Kleiner
Du Fratzerl
Engel
Liebe Miez
Mein Alles
Mein Lüderchen
Mein Frätzchen
Meine kleine Veranda
Kleine Schelmin
Liebes Miezchen
Mein liebes Nuckerl
Du liebe gute Seele
Mein kleines Fröscherl
Mein herzliebstes Kinderl
Süßes Hexchen
Meine liebe Maid
Schnoxl
Schatz

*ausgehend von Alberts Briefen an Mileva und Elsa

96

UND NACH DEM WIEDERSEHEN MIT ELSA*

Mein Kreuz
Lebendige Plage
Sauerster Sauertopf

1914 WIRD ALBERT EINSTEIN AN DIE PREUSSISCHE AKADEMIE DER WISSENSCHAFTEN IN BERLIN BERUFEN, MILEVA MÖCHTE ZUNÄCHST NICHT MIT. SCHLIEßLICH ZIEHT SIE MIT IHREM VIERJÄHRIGEN KRANKEN KIND UND IHREM ZEHNJÄHRIGEN SOHN TROTZDEM DORTHIN.

TJA, UND ALS MILEVA KLAR WIRD, DASS ALBERT MIT ELSA NICHT NUR EINE FAMILIÄRE BEZIEHUNG PFLEGT, SCHIEßT ALBERT EINSTEIN, „DIESES MUSTERVORBILD AN REDLICHKEIT UND GEWISSEN ZWEIER GENERATIONEN"[83], DEN VOGEL AB: ER LEGT IHR EINEN REGELKATALOG VOR.

Du sorgst dafür,

1. dass meine Kleider und Wäsche ordentlich im Stand gehalten werden.

2. dass ich die drei Mahlzeiten im Zimmer ordnungsgemäß vorgesetzt bekomme.

3. dass mein Schlaf- und Arbeitszimmer stets in guter Ordnung gehalten sind, insbesondere, dass der Schreibtisch mir allein zur Verfügung steht.

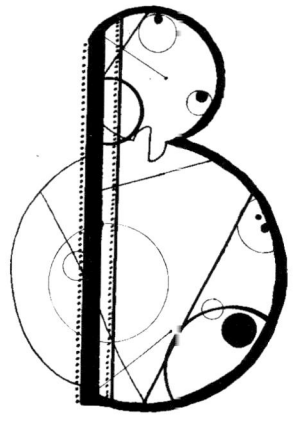

Du verzichtest auf alle persönlichen Beziehungen zu mir, soweit deren Aufrechterhaltung aus gesellschaftlichen Gründen nicht unbedingt geboten ist. Insbesondere verzichtest Du darauf,

1. dass ich zu Hause bei Dir sitze.

2. dass ich zusammen mit Dir ausgehe oder verreise.

Du verpflichtest Dich ausdrücklich, im Verkehr mit mir folgende Punkte zu beachten:

1. Du hast weder Zärtlichkeiten von mir zu erwarten noch mir irgendwelche Vorwürfe zu machen.

2. Du hast eine an mich gerichtete Rede sofort zu sistieren, wenn ich darum ersuche.

3. Du hast mein Schlaf- bzw. Arbeitszimmer sofort und ohne Widerrede zu verlassen, wenn ich darum ersuche.

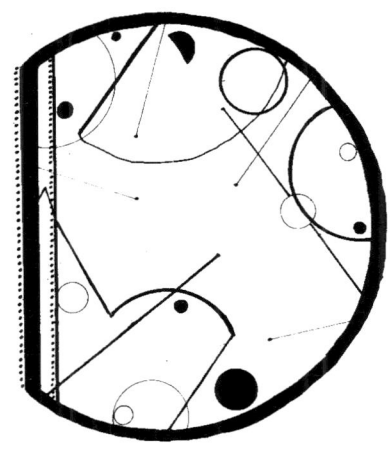

Du verpflichtest Dich, weder durch Worte noch durch Handlungen mich in den Augen meiner Kinder herabzusetzen.

Zitiert nach Collected Papers of Albert Einstein, Vol. VIII, 1998, Dok.22.

WENIG SPÄTER
VERLÄSST MILEVA
EINSTEIN-MARIČ
BERLIN UND GEHT MIT
IHREN KINDERN
ZURÜCK NACH ZÜRICH.

AB DANN IST IHR LEBEN GEPRÄGT VON SCHEIDUNGSSTREITEREIEN, GELDSORGEN, KRANKHEIT UND DER PFLEGE IHRES SCHIZOPHRENEN SOHNES. EINSTEIN HAT ZWAR KONTAKT ZU SEINEN KINDERN, IN VIELEN BRIEFEN ERSCHEINT ER RÜDE UND ÜBERHEBLICH.[84]

AUCH ELSA MUSS FESTSTELLEN, DASS DAS LEBEN MIT DEM „SINNBILD DES UNKONVENTIONELLEN GENIES"[85] KEIN ZUCKERSCHLECKEN IST. AUCH SIE WIRD VON IHM BETROGEN, AUCH IHRE EHE IST KALT.[86]

IN EINEM BRIEF AN EINE BEKANNTE EINSTEINS SCHREIBT ER IM AUGUST 1899:

„O, Ich kenne diese Tierchen persönlich aus eigner Anschauung, da ich doch selbst eins bin. Von denen ist nicht so sehr viel zu hoffen, das weiß ich ganz genau. Wir sind heut mürrisch, morgen übermütig, übermorgen kalt, dann wieder gereizt & halb lebensüberdrüssig ... so gehts weiter, doch hätt ich fast noch die Untreue & Undankbarkeit & Selbstsucht vergessen, in welchen Dingen wirs auch fast alle bedeutend weiter bringen als die guten Mädchen .....Ich sollt eigentlich nur im eigenen Namen davon sprechen, wenn ich nicht den traurigen Trost hätte, daß die meisten andern im Grunde auch nicht anders sind."[87]

Sophie
DOROTHEA
VON
Braunschweig
LÜNEBURG
→ genannt ←
Prinzessin
von Ahlden

Sophie Dorothea von Braunschweig-Lüneburg wird am 15. September 1666 in Celle als ==illegitime== Tochter von Herzog Georg Wilhelm von Celle, Fürst zu Lüneburg, und der

»Französin«,

wie ihre Mutter am hannoverschen Hof genannt wird, Eleonore Desmier D'Olbreuse geboren. Der Mutter gelingt es, die Ehe nachträglich legalisieren zu lassen, und sie und ihre Tochter erlangen den Rang einer Reichsgräfin: Sie dürfen sich fortan mit dem Titel und dem Wappen einer Herzogin von Braunschweig-Lüneburg schmücken.

IHRE ELTERN, FÜR DIE DAMALIGE ZEIT UND IHREN STAND AUSNAHMSWEISE IN AUFRICHTIGER LIEBE VERBUNDEN, SCHENKEN DEM AUFGEWECKTEN UND BEGABTEN MÄDCHEN WÄRME UND ZUNEIGUNG.88

111

DER VATER ÜBERTRÄGT IHR IM LAUFE DER ZEIT BETRÄCHTLICHE VERMÖGENSWERTE, WAS SIE ZU EINER INTERESSANTEN HEIRATSKANDIDATIN MACHT. ZU DEN BEWERBERN GEHÖREN KURFÜRST MAXIMILIAN II.

EMANUEL VON BAYERN, HERZOG FRIEDRICH KARL VON WÜRTTEMBERG-
WINNENTAL, PRINZ AUGUST FRIEDRICH VON BRAUNSCHWEIG-
WOLFENBÜTTEL UND DER SCHWEDISCHE KÖNIG KARL XI. (V.R.N.L).

Noch vor der Geburt von Sophie Dorothea schließen der Vater und sein Bruder Ernst August von Hannover eine Vereinbarung: Sie darf keinen Mann wählen, der eigene Ansprüche auf das Herzogtum Braunschweig-Lüneburg anmelden könnte.

Zum Entsetzen der Mutter und von Sophie Dorothea beschließen Vater und Onkel, dass eine Heirat zwischen Sophie Dorothea und dem Kurprinz Georg Ludwig, dem ältesten Sohn von Ernst August und somit Sophie Dorotheas Cousin, die Interessen des hannoverschen Hofes am besten erfüllt. Am 18.11.1682 findet die Hochzeit in der Kapelle auf Schloss Celle statt. Auch ihr beträchtliches Vermögen und die immense Mitgift mögen diese Verbindung begünstigt haben.

Sophie Dorothea äußert sich hierzu folgendermaßen:
„Die Heirat interessiert ihn wenig, aber 10.000 Taler haben ihn überzeugt, wie sie wohl auch jeden anderen überzeugt hätten"[89]

BESONDERS DIE SCHWIEGERMUTTER SOPHIE VON DER PFALZ, EINST VON SOPHIE DOROTHEAS VATER VERSCHMÄHT, MACHT IHR DIE ANKUNFT IN DER NEUEN FAMILIE SCHWER. TROTZDEM SOLL DIE EHE ANFANGS GLÜCKLICH VERLAUFEN SEIN (???).

NACH DER GEBURT IHRER ZWEI KINDER GEORG AUGUST (1683) UND SOPHIE DOROTHEA (1687) ENTFREMDET SICH JEDOCH DAS EHEPAAR UND DER KURPRINZ GEORG LUDWIG WIDMET SICH FORTAN SEINEN MÄTRESSEN.

Während sich ihr Ehemann vor allem mit Melusine von der Schulenburg vergnügt, trifft Sophie Dorothea während des Karnevals 1691 den Grafen *Philipp Christoph von Königsmarck*, der früher als Page bei ihrer Familie angestellt war.

DER „SCHWEDISCHE KAVALIER UND KRIEGSHELD" WIRD ALS „jung, reich, verschwenderisch und blendend aussehend"[90] BESCHRIEBEN. ANFANG 1688 KOMMT KÖNIGSMARCK ALS OBERST DER LEIBGARDE DES HERZOGS ERNST AUGUST NACH HANNOVER UND IST SOMIT TEIL DES ENGSTEN KREISES DER HERZÖGLICHEN HOFHALTUNG. DER HANNOVERSCHE HOF WAR EIN ORT DER BESPITZELUNGEN, INTRIGEN UND LIEBSCHAFTEN, UND AUCH DEN DAMEN WAREN AFFÄREN ERLAUBT, ZUMINDEST WENN GEWISSE SPIELREGELN EINGEHALTEN WURDEN: SOLANGE MAN NICHTS MIT MÄNNERN UNTER DEM EIGENEN STAND ANFING UND AUS DER VERBINDUNG KEINE WIRKLICHE LIEBE ENTSTAND, WURDEN BEZIEHUNGEN AUSSERHALB DER EHE AUCH BEI FRAUEN GEDULDET.[91] SOPHIE DOROTHEAS UND KÖNIGSMARCKS ZUNÄCHST LOSER UND SPORADISCHER KONTAKT ENTWICKELT SICH ZU EINER LIEBESBEZIEHUNG, DIE ZUNÄCHST UNBEMERKT BLEIBT. DURCH DIE UNVORSICHTIGE BEVORZUGUNG VON KÖNIGSMARCK ERKENNT DER HOF JEDOCH SPÄTESTENS 1694 DAS AUSMASS DER BEZIEHUNG DER BEIDEN. DAS INNIGE LIEBESVERHÄLTNIS, DAS ZWISCHEN IHNEN ENTSTEHT, DIE »Affair serjose«, WIE SIE KÖNIGSMARCK BEZEICHNET, ENTWICKELT SICH DARAUFHIN ZUM PROBLEM: DIE AUGENSCHEINLICHE LIEBE ZU EINEM RANGNIEDEREN WIDERSPRICHT DEN UNGESCHRIEBENEN GESETZEN DES HANNOVERSCHEN HOFES.

ALS DIE AFFÄRE ÖFFENTLICH ZU WERDEN DROHT, ÜBERGIBT KÖNIGSMARCK DIE
Liebesbriefe, DIE SICH DIE LIEBENDEN WÄHREND IHRER BEZIEHUNG SCHRIEBEN,

SEINEM SCHWAGER, DEM SCHWEDISCHEN GRAFEN CARL GUSTAV VON LÖWENHAUPT. ES WAREN INSGESAMT 660, 340 VON IHM, 320 VON SOPHIE DOROTHEA.

Als sich im Sommer 1694 die Lage zuspitzt, planen sie zusammen mit der Hofdame Eleonore von der Knesebeck die Flucht, die sie entweder nach Wolfenbüttel zu Herzog Anton Ulrich oder nach Kursachsen führen soll, wo Königsmarck eine Offiziersstelle innehat. Doch die frühere Mätresse von Sophie Dorotheas Onkel Ernst August, Gräfin Clara Elisabeth von Platen, offenbart das Liebesverhältnis und den Fluchtplan. Vermutlich war sie beleidigt, da Königsmarck ihre uneheliche Tochter Sophie Charlotte nicht heiraten wollte. Tja, daraufhin nimmt die Sache deutlich an Fahrt auf:

In der Nacht
des 11. Juli 1694
verschwindet
Phillip Christoph
von Königsmarck
spurlos.

Und seitdem ward er auch nicht mehr gesehen. Die Vermutung liegt nahe, dass entweder Sophie Dorotheas Onkel Ernst August, oder ihr Ehemann Georg Ludwig den Geliebten ermorden ließen. Genaueres ist bis heute jedoch nicht geklärt, da alle Dokumente über diesen Vorfall von der hannoverschen Regierung beschlagnahmt und vernichtet worden sind. Offiziell gilt Graf Philipp Christoph von Königsmarck immer noch als verschollen. Auftauchen wird er wahrscheinlich nicht mehr. Zunächst rätseln nur die Verwandten, die Diplomaten und die Bevölkerung Hannovers über seinen Verbleib, nach und nach entwickelt sich das Ganze allerdings zu einer Staatsaffäre. August der Starke lässt nach seinem verschwundenen General suchen, was den Kurfürsten Ernst August und den Herzog Georg Wilhelm dazu bringt, sich an Kaiser Leopold I. mit folgender Bitte zu wenden: Er möge doch bitte verhindern, dass August der Starke weiterhin so unfreundliche Akten gegen Hannover und Celle anlege. Andernfalls würden sie ihre Truppen von den alliierten Streitmächten abziehen. Auch wenn der Kaiser und auch der Kurfürst Friedrich III. von Brandenburg Druck auf August den Starken ausüben, investigiert dieser weiter. Die ganze Geschichte zieht so weite Kreise, dass sogar Ludwig der XIV., der Sonnenkönig himself, Agenten nach Hannover schickt. Die Umstände, die zu Königsmarcks Verschwinden führten, können trotzdem nicht aufgedeckt werden.

Die Beseitgung des Geliebten seiner Frau reicht dem angeknacksten Ego des Kurfürsten allerdings nicht aus, Sophie Dorothea wird zunächst in Schloss Ahlden festgesetzt.
Am 28.13 1694 erfolgt dann die

Scheidung

der

EHE

zwischen

Sophie Dorothea & Georg Ludwig

Sophie Dorothea wird wegen

→ Böswilligen Verlassens ihres Ehepartners ←

allein schuldig gesprochen.

✚ Sie wird fortan nicht mehr in den Gebeten erwähnt.

✚ Der Titel der Kurprinzessin wird ihr aberkannt.

✚ Ihr Name wird aus allen offiziellen Dokumenten getilgt.

✚ Eine erneute Heirat und ein Wiedersehen mit ihren Kindern wird ihr verboten.

WAS SICH ALLERDINGS NICHT IM URTEIL FINDEN LÄSST, IST DAS, WAS DANN FOLGT: SOPHIE DOROTHEA LANDET AUF GEHEISS IHRES EHEMANNS ERNEUT AUF SCHLOSS AHLDEN, WO SIE BIS ZU IHREM LEBENSENDE AUCH BLEIBEN WIRD. BIS AUF GELEGENTLICHE SPAZIERFAHRTEN IN DIE NÄCHSTE UMGEBUNG WIRD

ALS SIE AM 13. NOVEMBER 1726 VÖLLIG VEREINSAMT AN LEBER- UND GALLENVERSCHLUSS STIRBT, UNTERSAGT IHR EX, MITTLERWEILE KING GEORG I. VON ENGLAND, AUSDRÜCKLICH JEGLICHE TRAUERBEZEUGUNGEN UND FLIPPT VÖLLIG AUS, ALS ER ERFÄHRT, DASS SEINE TOCHTER ZU EHREN IHRER MUTTER IN BERLIN HOFTRAUER ANGEORDNET HATTE. DA ES AN ANWEISUNGEN IM BEGRÄBNISFALL MANGELTE, WIRD DER LEICHNAM VON SOPHIE DOROTHEA ERST

DIESES SCHLOSS **32 JAHRE IHR GEFÄNGNIS** SEIN. IMMERHIN DARF SIE SICH MIT DEM TITEL *„Prinzessin von Ahlden"* SCHMÜCKEN. WAS FÜR EIN TROST, WENN MAN NUR NOCH VON DER EIGENEN MUTTER BESUCHT WERDEN DARF.

EINMAL IN EINEM BLEISARG AUFBEWAHRT, BIS IM JANUAR 1727 DER BEFEHL AUS LONDON KOMMT, SIE OHNE ZEREMONIEN AUF DEM FRIEDHOF IN AHLDEN ZU BESTATTEN. SCHWERE REGENFÄLLE VERHINDERN DIES JEDOCH. LETZTEN ENDES WIRD SOPHIE DOROTHEA VON BRAUNSCHWEIG-LÜNEBURG, GENANNT „PRINZESSIN VON AHLDEN", IM MAI 1727 HEIMLICH NACHTS IN DER FÜRSTENGRUFT DER STADTKIRCHE ST. MARIEN IN CELLE BEIGESETZT.

Quellen

1   Tarz, Ute: „Anna Magdalena Bach." In: FRAUENPERSÖNLICHKEITEN IN LEIPZIG,
     Zugriff zuletzt: 28.07.20 https://research.uni-leipzig.de/agintern/frauen/bach.htm).

2   Vgl. Allihn, Ingeborg: „Anna Magdalena Bach." In: MUSIK UND GENDER IM INTERNET,
     Zugriff zuletzt: 28.07.20 (https://mugi.hfmt-hamburg.de/artikel/Anna_Magdalena_Bach.pdf).

3   Vgl. Winkler-Jordan, Mechthild: „Anna Magdalena Bach." In: FEMBIO.FRAUEN.BIOGRAPHIEFORSCHUNG,
     Zugriff zuletzt: 28.07.20 (https://www.fembio.org/biographie.php/frau/biographie/anna-magdalena-bach/).

4   Vgl. Tarz, Ute: „Anna Magdalena Bach." In: FRAUENPERSÖNLICHKEITEN IN LEIPZIG,
     Zugriff zuletzt: 28.07.20 (https://research.uni-leipzig.de/agintern/frauen/bach.htm).

5   Winkler-Jordan, Mechthild: „Anna Magdalena Bach." In: FEMBIO.FRAUEN.BIOGRAPHIEFORSCHUNG,
     Zugriff zuletzt: 28.07.20 (https://www.fembio.org/biographie.php/frau/biographie/anna-magdalena-bach/).

6   Tarz, Ute: „Anna Magdalena Bach." In: FRAUENPERSÖNLICHKEITEN IN LEIPZIG,
     Zugriff zuletzt: 28.07.20 (https://research.uni-leipzig.de/agintern/frauen/bach.htm).

7   Schulze, Hans-Joachim: „Zumahln da meine itzige Frau gar einen sauberen Sopran singet…"
     In: ANNA MAGDALENA BACH. EIN LEBEN IN DOKUMENTEN UND BILDERN, Leipzig 2004, S. 13.

8   Vgl. Winkler-Jordan, Mechthild: „Anna Magdalena Bach." In: FEMBIO.FRAUEN.BIOGRAPHIEFORSCHUNG,
     Zugriff zuletzt: 28.07.20 (https://www.fembio.org/biographie.php/frau/biographie/anna-magdalena-bach/).

9   Vgl. Allihn, Ingeborg: „Anna Magdalena Bach." In: MUSIK UND GENDER IM INTERNET,
     Zugriff zuletzt: 28.07.20 (https://mugi.hfmt-hamburg.de/artikel/Anna_Magdalena_Bach.pdf).

10   Wolfgang Hildesheimer zitiert nach http://www.nannerl.net/wissenschaft/komponistinnen/constanze-mozart/index.html
     Zugriff zuletzt: 29.05.20.

11   Vgl. Rieger, Eva: „Constanze Mozart." In: FEMBIO.FRAUEN.BIOGRAPHIEFORSCHUNG,
     Zugriff zuletzt: 28.07.20 (https://www.fembio.org/biographie.php/frau/biographie/constanze-mozart).

12   Vgl. Reger, Monika: „Mozart, Familie." In: OESTERREICHISCHES MUSIKLEXIKON ONLINE,
     Zugriff zuletzt: 19.6.2020 (https://www.musiklexikon.ac.at/ml/musik_M/Mozart_Familie_CONSTANZE.xml).

13   Vgl. Walter, Heinz E.: „Mozarts badische Verwandtschaft." In: DAS MARKGRÄFLERLAND. BEITRÄGE ZU SEINER GESCHICHTE UND
     KULTUR. Hrsg. von der Arbeitsgemeinschaft Markgräflerland für Geschichte und Landeskunde e.V., Heft 2, Freiburg,
     S.72.

14   Vgl. o.A.: „Wolfgang Amadeus Mozart und Constanze Weber." In: MOZART.COM. DIE ETWAS ANDERE MOZARTBIOGRAPHIE,
     Zugriff zuletzt 27.7.20 (http://www.mozart.com/de/timeline/leben/heirat-constanze-und
     -entführung-aus-dem-sarail/).

15   auf https://dme.mozarteum.at/briefe-dokumente/# kann man etliche Briefe Mozarts einsehen.

16   Vgl. Knoblich, Heidi: „Ja! Eine Weberische!" In: BADISCHE ZEITUNG, Artikel vom 07.01.2012
    Zugriff zuletzt: 16.07.2020 (https://www.badische-zeitung.de/nachrichten/kultur/ja-eine-weberische--54417606.html).

17   Vgl. Ebd.

18   Paumgartner zitiert nach Rieger, Eva: „Constanze Mozart." In: FEMBIO.FRAUEN.BIOGRAPHIEFORSCHUNG,
    Zugriff zuletzt: 28.07.20 (https://www.fembio.org/biographie.php/frau/biographie/constanze-mozart).

19   Vgl. Rieger, Eva: „Constanze Mozart." In: FEMBIO.FRAUEN.BIOGRAPHIEFORSCHUNG,
    Zugriff zuletzt: 28.07.20 (https://www.fembio.org/biographie.php/frau/biographie/constanze-mozart).

20   Zitiert nach Walter, Heinz E. „Mozarts badische Verwandtschaft." In: DAS MARKGRÄFLERLAND: BEITRÄGE ZU SEINER
    GESCHICHTE UND KULTUR. Hrsg. von der Arbeitsgemeinschaft Markgräflerland für Geschichte und Landeskunde e.V.,
    Heft 2, Freiburg,   S.74.

21   Vgl. Niemetschek, Franz Xaver: „Leben des K.K. Kapellmeisters Wolfgang Gottlieb Mozart." In: LEBEN DES
    K.K.-KAPELLMEISTERS WOLFGANG GOTTLIEB MOZART NACH ORIGINALQUELLEN BESCHRIEBEN,
    Zuletzt eingesehen 26.07.20 (http://www.zeno.org/Musik/M/Niemetschek,+Franz+Xaver/Leben+des+K.K.+Kapellmeisters+
    Wolfgang+Gottlieb+Mozart+nach+Originalquellen+beschrieben/Leben+des+K.K.+Kapellmeisters+Wolfgang+Gottlieb+Mozart).

22   Vgl. Knoblich, Heidi: „Ja! Eine Weberische!" In: BADISCHE ZEITUNG, Artikel vom 07.01.2012
    Zugriff zuletzt: 16.07.2020 (https://www.badische-zeitung.de/nachrichten/kultur/ja-eine-weberische--54417606.html).

23   Kammerlander, Monika: „Constanze Mozart." In: MUSIK UND GENDER IM INTERNET,
    Zugriff zuletzt: 14.07.20 (https://mugi.hfmt-hamburg.de/artikel/Constanze_Mozart.html).

24   Alfred Einstein zitiert nach Rieger, Eva: „Constanze Mozart." In: FEMBIO.FRAUEN.BIOGRAPHIEFORSCHUNG,
    Zugriff zuletzt: 28.07.20 (https://www.fembio.org/biographie.php/frau/biographie/constanze-mozart).

25   Rohrig, Anna Eunike: „Lita Grey Chaplin." In: FEMBIO.FRAUEN.BIOGRAPHIEFORSCHUNG,
    Zugriff zuletzt: 24.7.20 (https://www.fembio.org/biographie.php/frau/feature/lita-grey-chaplin
    /beruehmte-frauen-beruehmter-maenner).

26   Grey Chaplin, Lita/Cooper, Morton: MY LIFE WITH CHAPLIN. AN INTIMATE MEMOIR BY LITA GREY CHAPLIN.
    New York, Dell Publishing Co. Inc. 1966, S.15.

27   Vgl. Ebd, S.32ff.

28   Vgl. o.A.: „Overview of his life." In: CHARLIECHAPLIN.COM,
    Zugriff zuletzt: 13.07.20 (https://www.charliechaplin.com/en/articles/21-Overview-of-His-Life).

29   Frei übersetzt nach: Grey Chaplin, Lita/Vance, Jeffrey I AM THE WIFE OF THE LIFE OF THE PARTY.
    Lanham, Scarecrow Press Inc. 1998, S.32.
    Im Original: „You two are going to have a bad end dealing with these film people!".

30   Vgl. Grey Chaplin, Lita/Cooper, Morton MY LIFE WITH CHAPLIN. AN INTIMATE MEMOIR BY LITA GREY CHAPLIN.
    New York, Dell Publishing Co. Inc. 1966, S.64ff.

31 Vgl. von Lüpke, Marc: „Charlie Chaplin und die Frauen. 'Geiler Köter'" In: SPIEGEL GESCHICHTE, Artikel vom 15.4.14, Zugriff zuletzt: 27.7.20 (https://www.spiegel.de/geschichte/charlie-chaplin-und-seine-affaeren-a-963909.html).

32 Vgl. Grey Chaplin, Lita/Cooper, Morton: MY LIFE WITH CHAPLIN. AN INTIMATE MEMOIR BY LITA GREY CHAPLIN. New York, Dell Publishing Co. Inc. 1966, S.99.

33 Ebd. S.91.

34 Plasse, Wiebke: „Charlie Chaplin." In: GEOLINO, Zugriff zuletzt: 14.07.20 (https://www.geo.de/geolino/mensch/1242-rtkl-biografie-charlie-chaplin).

35 Vgl. o.A.: „Charlie Chaplin's Wives." In: CHARLIECHAPLIN.COM, Zugriff zuletzt: 13.07.20 (https://www.charliechaplin.com/en/articles/220-Charlie-Chaplin-s-Wives).

36 Grey Chaplin, Lita/Cooper, Morton: MY LIFE WITH CHAPLIN. AN INTIMATE MEMOIR BY LITA GREY CHAPLIN. New York, Dell Publishing Co. Inc. 1966, S.121.

37 Vgl. Grey Chaplin, Lita/Cooper, Morton: MY LIFE WITH CHAPLIN. AN INTIMATE MEMOIR BY LITA GREY CHAPLIN. New York, Dell Publishing Co. Inc. 1966, S.119f.

38 Vgl. Folkart, Burt A.: „Lita Grey; Married Charlie Chaplin at 16." In: LOS ANGELES TIMES, Artikel vom 30.12.95, Zugriff zuletzt: 10.07.20 (https://www.latimes.com/archives/la-xpm-1995-12-30-mn-19327-story.html).

39 Vgl. Grey Chaplin, Lita/Cooper, Morton: MY LIFE WITH CHAPLIN. AN INTIMATE MEMOIR BY LITA GREY CHAPLIN. New York, Dell Publishing Co. Inc. 1966, S.202.

40 Plasse, Wiebke: „Charlie Chaplin." In: GEOLINO, Zugriff zuletzt: 14.07.20 (https://www.geo.de/geolino/mensch/1242-rtkl-biografie-charlie-chaplin).

41 Vgl. Grey Chaplin, Lita/Vance, Jeffrey: I AM THE WIFE OF THE LIFE OF THE PARTY. Lanham, Scarecrow Press Inc. 1998, S.54.

42 Vgl. Grey Chaplin, Lita/Cooper, Morton: MY LIFE WITH CHAPLIN. AN INTIMATE MEMOIR BY LITA GREY CHAPLIN. New York, Dell Publishing Co. Inc. 1966, S.166.

43 Vgl. Harders, Levke: „Charlie Chaplin 1889–1977." In: LEBENDIGES MUSEUM ONLINE, Zugriff zuletzt: 1.7.20 (https://www.dhm.de/lemo/biografie/charlie-chaplin).

44 Zitiert nach von Lüpke, Marc: „Charlie Chaplin und die Frauen. 'Geiler Köter'" In: SPIEGEL GESCHICHTE, Artikel vom 15.4.14, Zugriff zuletzt: 27.7.20 (https://www.spiegel.de/geschichte/charlie-chaplin-und-seine-affaeren-a-963909.html).

45 Vgl. Ebd.

46 Vgl. Grey Chaplin, Lita/Cooper, Morton: MY LIFE WITH CHAPLIN. AN INTIMATE MEMOIR BY LITA GREY CHAPLIN. New York, Dell Publishing Co. Inc. 1966, S.241ff.

47 Vgl. Röhrig, Anna Eunike: „Lita Grey Chaplin." In: FEMBIO.FRAUEN.BIOGRAPHIEFORSCHUNG, Zugriff zuletzt: 24.7.20 (https://www.fembio.org/biographie.php/frau/feature/lita-grey-chaplin/beruehmte-frauen-beruehmter-maenner).

48   Vgl. Grey Chaplin, Lita/Cooper, Morton: MY LIFE WITH CHAPLIN. AN INTIMATE MEMOIR BY LITA GREY CHAPLIN. New York, Dell Publishing Co. Inc. 1966, S.259.

49   Vgl. Ebd. S.171ff.

50   Ebd. S.276.

51   Vgl. Chaplin, Charles: MY LIFE IN PICTURES. New York, Grosset & Dunlap, Inc. 1975, S. 228.

52   Ronald W. Clark: ALBERT EINSTEIN. LEBEN UND WERK. München, 4.Auflage 1981, S.40.

53   Johannes Wickert: ALBERT EINSTEIN IN SELBSTZEUGNISSEN UND BILDDOKUMENTEN. Reinbek bei Hamburg 1972, S.19.

54   Carl Seelig: ALBERT EINSTEIN. EINE DOKUMENTARISCHE BIOGRAPHIE. Zürich/Stuttgart/ Wien 1954, umgearbeitete und stark vermehrte 2.Auflage des 1952 erschienenen Bandes ALBERT EINSTEIN UND DIE SCHWEIZ, S.52.

55   Vgl. Bankowski-Züllig, Monika: „Mileva Maric" In: HISTORISCHES LEXIKON DER SCHWEIZ HLS, Zugriff zuletzt: 22.7.20 (https://hls-dhs-dss.ch/de/articles/042929/2009-08-04/).

56   Vgl. Maurer, Margarete: „Zur Frage der Koautorinnenschaft Mileva Marics" an Einsteins Arbeiten bis 1913." S.69. Zugriff zuletzt: 23.7.20 (http://www.teslasociety.ch/info/60/maurer_pdf.pdf).

57   Vgl. Trömel-Plötz, Senta: „Mileva Einstein-Maric" In: FEMBIO.FRAUEN.BIOGRAPHIEFORSCHUNG, Zugriff zuletzt: 24.7.20 (https://www.fembio.org/biographie.php/frau/feature/ mileva-maric-einstein/beruehmte-frauen-beruehmter-maenner).

58   Vgl. Ebd.

59   Vgl. Ebd.

60   Vgl. Ebd.

61   Vgl. Maurer, Margarete: „Zur Frage der Koautorinnenschaft Mileva Marics" an Einsteins Arbeiten bis 1913." S.70. Zugriff zuletzt: 23.7.20 (http://www.teslasociety.ch/info/60/maurer_pdf.pdf).

62   Stachel, John/ Cassidy, David C./Schulmann, Robert (Hrsg): THE COLLECTED PAPERS OF ALBERT EINSTEIN. VOLUME 1: THE EARLY YEARS, 1879-1902. Princeton, Princeton University Press 1987, Dok. 39.

63   Ebd. Dok. 57.

64   Ebd. Dok. 50.

65   zur Missbilligung der Eltern vgl. Ebd. Dok. 103.

66   Vgl. Trömel-Plötz, Senta: „Mileva Einstein-Maric" In: FEMBIO.FRAUEN.BIOGRAPHIEFORSCHUNG, Zugriff zuletzt: 24.7.20 (https://www.fembio.org/biographie.php/frau/feature/ mileva-maric-einstein/beruehmte-frauen-beruehmter-maenner).

67 Folgendes Buch beschäftigt sich mit der Suche nach Lieserl: M. Zackheim: EINSTEIN'S DAUGHTER. THE SEARCH FOR LIESERL. New York, Riverhead Books 1999.

68 Vgl. Klein, Martin J./Kox, A. J./Schulmann, Robert (Hrsg.): THE COLLECTED PAPERS OF ALBERT EINSTEIN. VOLUME 5: THE SWISS YEARS: CORRESPONDENCE, 1902–1914. Princeton, Princeton University Press 1993, Dok. 13.

69 Vgl. Stachel, John/ Cassidy, David C./Schulmann, Robert (Hrsg): THE COLLECTED PAPERS OF ALBERT EINSTEIN. VOLUME 1: THE EARLY YEARS, 1879–1902. Princeton, Princeton University Press 1987, Dok. 68.

70 Ebd. Dok. 71.

71 Ebd. Dok. 94.

72 Ebd. Dok. 107.

73 Frank, Phillipp: EINSTEIN. SEIN LEBEN UND SEINE ZEIT. MIT EINEM VORWORT VON ALBERT EINSTEIN. Wiesbaden 1979, S.44.

74 Vgl. Stachel, John/ Cassidy, David C./Schulmann, Robert (Hrsg): THE COLLECTED PAPERS OF ALBERT EINSTEIN. VOLUME 1: THE EARLY YEARS, 1879–1902. Princeton, Princeton University Press 1987, Dok. 71, Dok. 79, Dok. 97 etc.

75 Vgl. Getler, Michael: „Einstein's Wife: The Relative Motion of 'Facts'." In: PBS OMBUDSMAN. THE OMBUDSMAN COLUMN, Artikel vom 15.2.06 Zugriff zuletzt: 23.7.20 (http://www.pbs.org/ombudsman/2006/12/einsteins_wife_the_relative_motion_of_facts.html).

76 Vgl. bspw. Fö-sing, Albrecht: Keine "Mutter der Relativitätstheorie" Behauptungen, Einsteins Frau habe ihm entscheidend geholfen, halten einer Prüfung nicht stand. In: Die Zeit, Nr. 47, Artikel vom 16.11.1990, S. 94.

77 Vgl. Martinez, Alberto A.: „Handling evidence in history: the case of Einstein's wife." In: SCHOOL SCIENCE REVIEW, März 2005 Zugriff zuletzt: 10.7.20 (http://www.esterson.org/Handling_evidence_in_history.html).

78 Vgl. Klein, Martin J./Kox, A. J./Schulmann, Robert (Hrsg.): THE COLLECTED PAPERS OF ALBERT EINSTEIN. VOLUME 5: THE SWISS YEARS: CORRESPONDENCE, 1902–1914. Princeton, Princeton University Press 1993, Dok. 389, 432, 434, 478, 489, 497 u.a.

79 Stachel, John/ Cassidy, David C./Schulmann, Robert (Hrsg): THE COLLECTED PAPERS OF ALBERT EINSTEIN. VOLUME 1: THE EARLY YEARS, 1879–1902. Princeton, Princeton University Press 1987, Dok. 102.

80 Klein, Martin J./Kox, A. J./Schulmann, Robert (Hrsg.): THE COLLECTED PAPERS OF ALBERT EINSTEIN. VOLUME 5: THE SWISS YEARS: CORRESPONDENCE, 1902–1914. Princeton, Princeton University Press 1993, Dok. 489.

81 Vgl. Ebd. Dok. 488.

82 Vgl. Trömel-Plotz, Senta: „Mileva Einstein-Marić." In: FEMBIO.FRAUEN.BIOGRAPHIEFORSCHUNG, Zugriff zuletzt: 24.7.20 (https://www.fembio.org/biographie.php/frau/feature/mileva-maric-einstein/beruehmte-frauen-beruehmter-maenner).

83 Frei übersetzt nach Jeremy Bernstein: „Einstein When Young". In: NEW YORKER, 6 July 1987.

84 Vgl. Trömel-Plötz, Senta: „Mileva Einstein-Marić.“ In: FEMBIO.FRAUEN.BIOGRAPHIEFORSCHUNG,
Zugriff zuletzt: 24.7.20 (https://www.fembio.org/biographie.php/frau/feature/
mileva-maric-einstein/beruehmte-frauen-beruehmter-maenne-).

85 Rauch, Judith: „Mutter der Relativitätstheorie.“ In: EMMA, Artikel vom 1.5.05,
Zugriff zuletzt: 4.7.20 (https://www.emma.de/artikel/frauen-der-wissenschaft
-mutter-der-relativitaetstheorie-263153).

86 Vgl. o.A.: „Elsa Einstein. Die relative Universalfrau.“ In: MENSCH EINSTEIN,
Zugriff zuletzt: 14.7.20 (https://www.menscheinstein.de/biografie/biografie_jsp/key=1372.html).

87 Stachel, John/ Cassidy, David C./Schulmann, Robert (Hrsg): THE COLLECTED PAPERS OF ALBERT EINSTEIN. VOLUME 1:
THE EARLY YEARS, 1879–1902. Princeton, Princeton University Press 1987, Dok. 51.

88 Vgl. Fleischer, Barbara: „Sophie Dorothea von Braunschweig-Lüneburg.“ In: FEMBIO.FRAUEN.BIOGRAPHIEFORSCHUNG,
Zugriff zuletzt: 24.7.20 (https://www.fembio.org/biographie.php/frau/feature/
sophie-dorothea-von-braun-schweig-lueneburg/beruehmte-frauen-beruehmter-maenner).

89 Zitiert nach Heinrich Thies: EIN KÖNIG AUS HANNOVER. MatrixMedia, Göttingen 2011.

90 Fleischer, Barbara: „Sophie Dorothea von Braunschweig-Lüneburg.“ In: FEMBIO.FRAUEN.BIOGRAPHIEFORSCHUNG,
Zugriff zuletzt: 24.7.20 (https://www.fembio.org/biographie.php/frau/feature/
sophie-dorothea-von-braun-schweig-lueneburg/beruehmte-frauen-beruehmter-maenner).

91 Vgl. Ebd.

92 Vgl. Ebd.

93 Vgl. Ebd.